Frank Bonkowski

TEAM-TRAINING

44 Aktionen, die aus einer Gruppe Individualisten eine individuelle Gruppe machen

neukirchener

Bibliografische Information der Deutschen Nationalbibliothek:
Die Deutsche Nationalbibliothek verzeichnet diese Publikation in der Deutschen Nationalbibliografie; detaillierte bibliografische Daten sind im Internet über http://dnb.d-nb.de abrufbar.

7. Auflage 2023

Umschlaggestaltung: Grafikbüro Sonnhüter, www.sonnhueter.com, unter Verwendung eines Fotos von © chrispeccoraro/istockphoto.com
Lektorat: Simon Schild, Krefeld
DTP: Breklumer Print-Service, www.breklumer-print-service.com
Verwendete Schriften: Frutiger, VAG Roundet
Gesamtherstellung: Drukarnia Dimograf, Sp z o.o.
Printed in Poland
ISBN 978-3-7615-5923-9

www.neukirchener-verlage.de

Inhalt

Stufe 2:
Vertrauen: sich Öffnen lernen

Stufe 3:
Bestätigung: den anderen sehen und in seiner Begabung fördern

Stufe 4:
Probleme lösen: sich etwas „Neues" zutrauen lernen

Stufe 5:
Gemeinsam Leben teilen und Ziele setzen

Vorwort

„Team-Training" ist mein inzwischen drittes Buch mit Teambuilding-Aktionen in der spielend-leicht-Reihe. Damit du alle drei Bücher sinnvoll einsetzen kannst, hier ein paar Bemerkungen zu den Unterschieden:

In diesem Buch habe ich hauptsächlich Aktionen beschrieben, die ich in der Arbeit mit Jugendlichen ausprobiert habe. Wenn du Aktionen für Camps, Freizeiten, Schulunterricht oder Klassenfahrten brauchst, findest du hier garantiert einiges. Wenn du einen Raum voll steifer Mittvierzigern hast, die sich noch nicht einmal kennen, würde ich vorsichtig sein, obwohl ich das selbst schon ausprobiert habe. Manchmal überraschen dich die Seminarteilnehmer positiv..

Team-Building: Dieses Buch setzt bei vielen Aktionen ein längeres Zusammensein mit der Gruppe voraus, z. B. ein Wochenend-Setting. Bei vielen Aktionen geht es zunächst einmal um den Spaßfaktor. Die Gruppe wird mit Spaß bei der Sache sein und erst im Nachklang merken, wie sehr die Aktionen zum Bau der Gemeinschaft beigetragen haben.

Team Training: In diesem dritten Buch der Reihe soll es nun um ganz einfache Aktionen gehen, die mit möglichst wenig Aufwand in kurzer Zeit vorbereitet werden können. Mein Ziel war es, Teamspiele zu beschreiben, die sowohl Teenager als auch Erwachsene spielen können. Wenn die Gruppe durch diese Aktionen ins Gespräch kommt, ist das Ziel erreicht.

Was alle guten Team-Builder gemeinsam haben, ist eine fiktive Krise, die im Team bewältigt werden muss.

Ein paar Gedanken zum Aufbau dieses Buches

Jede Gruppe durchläuft verschiedene Stationen, um zu einem wirklich guten Team zu werden.

1. Zusammengehörigkeitsgefühl aufbauen
2. Vertrauen: sich Öffnen lernen.
3. Bestätigung: den anderen sehen und in seiner Begabung fördern.
4. Probleme lösen: sich etwas „Neues" zutrauen lernen.
5. Gemeinsam Leben teilen und Ziele setzen.

Die meisten guten Teams durchlaufen diese Stationen; nicht immer, aber oft in dieser Reihenfolge. Sie bilden sozusagen eine Treppe zum Bilden eines Teams, wobei keine dieser Stufen jemals als abgehakt betrachtet werden sollte. Auch die Aktionen in diesem Buch sind nach diesen fünf Stufen geordnet.

Die Rolle des Aktionsleiters

Aktionsleiter sind mehr als Schiedsrichter und „Spiele-Erklärer“. Um die Aktionen effektiv zu gestalten, können sie zum Beispiel:

- Selber mitmachen und Spaß haben.
- Der Gruppe Stärken, Schwächen und Ängste zeigen. Somit kann die Gruppe den Aktionsleiter als Mensch und nicht nur als „Leitungsposition“ wahrnehmen.
- Beobachten. Es kann ganz spannend sein, sich als Leiter einfach die Zeit zu nehmen um zu beobachten, wie die Teammitglieder während der Aktionen miteinander umgehen: wird aufeinander gehört? Wer übernimmt die Leitung? usw. Die besten Lernmöglichkeiten entstehen in der Regel oft durch Pannen oder durch Außergewöhnliches, das während der Aktion passiert. Diese Sequenzen müssen beobachtet und in die Diskussion eingebracht werden.
- Diskussionen leiten. Ein paar einfache Fragen nach der Aktion helfen den Gruppenmitgliedern, das Gelernte zu übertragen. Fragen wie: „Wie seid ihr vorgegangen?“, „Wer hat die Leitung übernommen?“, „Hat sich jeder mit seinen Ideen gehört gefühlt?“ geben einen Anstoß, um ins Gespräch zu kommen. Die Diskussion sollte nicht verkrampft werden und

damit die Aktion an sich überschatten. Aber sie sollte ruhig die Beobachtungen des Aktionsleiters aufnehmen, die Eindrücke der Gruppenmitglieder hören und auch Spannungen aufnehmen und aushalten.

Stufe 1: Zusammengehörigkeitsgefühl aufbauen

Das Bauernrätsel

Zeit: ca. 20 Minuten
Gruppengröße: 8 Personen
Material: keins

Bestimme einen Ort in deinem Raum, wo ein imaginärer Fluss sein soll. Du kannst ihn mit Jacken oder ähnlichem markieren. Nun bekommen acht Teilnehmer die folgenden Identitäten zugelost:

- Zwei Hühner, die nur gackern können
- Zwei Füchse, die nur hungrig gucken können
- Zwei Getreidesäcke, die eigentlich nur dumm in der Gegend stehen, bis die Bauern sie wegtragen
- Zwei Bauern, die nur zusammen reisen dürfen und die ein Problem haben

Stelle nun die folgende Problemstellung vor und fordere die Teilnehmenden auf, die Lösung aktiv darzustellen:

- Die Bauern wollen Füchse, Hühner und die beiden Getreidesäcke auf die andere Seite des Flusses tragen. Sie überqueren den Fluss immer gemeinsam und können immer nur eine Gattung (entweder Hühner oder Füchse oder Getreidesäcke) im Boot mitnehmen.

- Die Füchse können nicht mit den Hühnern alleingelassen werden, andernfalls fressen die Füchse die Hühner.
- Das Getreide darf nicht mit den Hühnern alleingelassen werden, Andernfalls fressen die Hühner das Getreide.

Diskussionsideen:
- Was macht diese Aktion frustrierend?
- Wie seid ihr dann doch zur Lösung gekommen?
- Habt ihr Strategien, wie ihr normalerweise mit Frustration umgeht?

Lernziel: Vorausplanen, gemeinsame Lösung von Problemen, Kreativität, Umgang mit Frustration

Musikvideos

Zeit: ca. 90 Minuten
Gruppengröße: 5-8 Personen
Material: eine Videokamera pro Gruppe, ein paar Outfits (Brillen, lustige Hemden, Schuhe usw.), Musik, Fernseher oder Beamer

Eine größere Gruppe wird in Kleingruppen zu 5-8 Personen aufgeteilt. Jede Gruppe darf sich ein „Lieblingslied" auswählen, zu dem sie innerhalb einer Stunde ein Musikvideo produziert.
Anschließend schauen sich alle zusammen die gesammelten Musikvideos an.

Lernziel: Kreativität, Stärken und Limitationen der Gruppe entdecken

Blindes Alphabet

Zeit: ca. 15 Minuten
Gruppengröße: 4 bis 12 Personen
Material: eine Augenbinde pro Mitspieler, ein langes Seil

Jeder Mitspieler fast das Seil mit beiden Händen an und bekommt dann die Augen verbunden. Die Gruppe bekommt dann die Aufgabe, mit ihrem Seil jeweils einen Buchstaben des Alphabets auf den Boden zu „zeichnen".
Die Gruppe muss entscheiden, wann sie glauben, die Aufgabe gelöst zu haben, nicht der Spielleiter. Die Aktion kann je nach Wunsch einige Male mit anderen Buchstaben, Zahlen oder Formen wiederholt werden.

Diskussionsideen:
- Für wen schien diese Aufgabe zunächst unmöglich? Warum?
- Was hat geholfen, euer visuelles Handicap zu überwinden?
- Wer hat sich als Anführer herauskristallisiert?

Lernziel: Zusammenarbeit, Aufmerksamkeit

Blindes Alphabet – Variation

Wenn es in der Gruppe Personen geben sollte, deren Input häufig ignoriert wird, kannst du diese Aktion genau wie vorher wiederholen, mit einer Ausnahme: du erlaubst einer oder zwei Personen, ihre Augenbinden abzunehmen und die Gruppe in dieser Aktion zu leiten.

Zusätzliche Diskussionsideen:

- Warum scheint es manchmal so, als ob einige in Krisensituationen in Panik verfallen und andere Ruhe und den Überblick behalten? Habt ihr das schon einmal erlebt? Kann man diesen Überblick lernen?
- Inwiefern wurden in dieser Situation selbst die Mitspieler mit Handicap gebraucht?
- Wo war das Handicap vielleicht sogar eine Stärke?

Lernziel: Zusammenarbeit, Aufmerksamkeit, Schwächen und Stärken des Teams bemerken

Vier Sinne

Zeit: ca. 30 Minuten
Gruppengröße: 5-15 Personen
Material: Augenbinden, Kopfhörer, Schals, Gesellschaftsspiele oder Essen

Für diese Aktion wird jeder Mitspieler jeweils eines Sinnes beraubt:

- eine Augenbinde: Die Aktion wird blind durchgeführt.
- ein Kopfhörer (entweder ein guter Gehörschutz, der keine Geräusche zulässt, oder ein normaler Kopfhörer, über den laute Musik gespielt wird): Die Aktion wird taub durchgeführt.
- der Mitspieler darf nicht reden.
- ein Schal: Dem Mitspieler werden die Hände hinter dem Rücken verbunden. Er wird also seiner Berührungsgabe beraubt.

Die Aufgabe ist es, sich gegenseitig während einer Aktion (Gesellschaftsspiel oder gemeinsames Essen) so zu unterstützen, dass keiner zu kurz kommt.

Diskussionsideen:

- Was war schwerer für dich, anderen zu helfen oder sich von anderen helfen zu lassen? Warum?
- Welches Handicap wäre dir am leichtesten gefallen?

Lernziel: Sich der eigenen Schwächen und Stärken bewusst werden, die Nöte der anderen wahrnehmen, Kooperation

Aufstehen

Zeit: ca. 10 Minuten
Gruppengröße: ab 2 Personen
Material: keins

Ein alter Klassiker unter den Teambuildern: zwei Spieler sitzen Rücken an Rücken auf dem Boden und verhaken dabei ihre Arme miteinander. Jetzt müssen beide versuchen gleichzeitig aufzustehen, ohne dabei die Verbindung der Arme zu lösen.
Wenn das erfolgreich funktioniert, können sich Paare zusammentun und die Aufgabe als Vierergruppe probieren, usw.

Diskussionsideen:

- Was sind die entscheidenden Faktoren, damit diese Aktion gelingt?
- Ist die Aktion schwerer geworden, als ihr die Gruppen vergrößert habt? Warum?
- Kennt ihr Situationen, wo „neue" dazugekommen sind? Was macht so eine Situation immer schwierig? Gibt es auch hier Faktoren, damit die Integration gelingen kann?

Lernziel: Kooperation, Integration, gegenseitige Unterstützung

Herr der Ringe

Zeit: ca. 5 Minuten
Gruppengröße: immer zwei treten gegeneinander an
Material: keins

Das Spiel funktioniert prinzipiell wie Schere-Stein-Papier. Jeweils ein Paar steht sich gegenüber. Auf dein Kommando muss jeder die vorher überlegte Körperhaltung seiner Figur einnehmen und ein Geräusch von sich geben.

Die folgenden drei Figuren sind dabei möglich:
Der Elbe: geht herunter in die Hocke und ahmt mit zwei Fingern jeweils Ohren nach. Geräusch „eeeek - eeek - eeek ...“
Der Ork: stellt sich auf seine Zehenspitzen, verschränkt die Arme und gibt einen tiefen brummenden Ton von sich.
Der Magier: steht normal mit ausgestreckten Armen und spricht geheimnisvolle, buchstabierende Zauberformeln

Wertung:
Wer gewinnt? Und was dann?
Der Elbe schlägt den Magier: Der Elbe schießt einen Pfeil auf den Zauberer. Dieser fällt mit dramatischen Gebärden mitten im Herz getroffen zusammen.
Der Magier schlägt den Ork: Die Orks schrumpfen in sich zusammen. Schrumpfgeräusch ähnlich einem Ballon, der Luft verliert.
Der Ork schlägt den Elben: Der Elbe lässt ein hohes Geräusch von sich und fällt einfach um.

Jetzt kannst du entweder mit den Gewinnern so lange weiterspielen, bis nur einer übrig bleibt, oder der Verlierer wird dazu verdonnert, dem Gewinner eine kurze Rückenmassage zu verabreichen.

Lernziel: Eine schnelle Aktion, um das Eis zu brechen und sich gegenseitig wahrzunehmen

Foto Finish

Zeit: ca. 10 Minuten
Gruppengröße: Minimum 2, Maximum 8 Personen
Material: 2 Seile zum Markieren einer Start- und Ziellinie, Digitalkamera

Das komplette Team stellt sich hinter die Startlinie und bekommt die Aufgabe, absolut gleichzeitig über die Ziellinie zu laufen. Der Spielleiter steht an der Seite der Ziellinie und verewigt die Zielankunft mit der Kamera. Sollte sich herausstellen, dass jemand zu früh oder zu spät angekommen ist, muss die ganze Aktion wiederholt werden.

Dinge auf die du achten kannst:

- Häufig neigen ein paar Spieler dazu, schnell einen Zeitdruck aufzubauen, obwohl Zeit bei dieser Aktion gar keine Rolle spielt.
- Die Kamera macht die Aktion sehr spannend, weil sie aufzeigt, wie sehr sich unsere Wahrnehmung von der Wahrheit unterscheidet.

Lernziel: Kooperation, Integration, gegenseitige Unterstützung, gegenseitige Wahrnehmung, sich einer Gruppe anpassen lernen.

Berühren Verboten!

Zeit: ca. 20 Minuten
Gruppengröße: Minimum 6 Personen
Material: eine Frisbee-Scheibe oder für große Gruppen (ab 12) ein Hula-Hoop-Reifen

Jeder tritt mit einem Fuß seiner Wahl auf die Frisbee-Scheibe. Sein Partner steht gegenüber. Aufgabe ist, mit dem Partner die Position zu wechseln, ohne den Fuß von der Frisbee-Scheibe (bzw. aus der Mitte des Hula-Hoop-Reifens) zu nehmen und eine andere Person zu berühren.

Lernziel: Kooperation, Kommunikation

Alle Einsteigen

Zeit: ca. 10 Minuten
Gruppengröße: Minimum 5 Personen
Material: eine Zeitung oder Kartonpapier

Das Ziel dieser Aktion ist es, alle in der Gruppe auf die Zeitung bzw. das Kartonpapier zu bekommen. Als Teamleiter entscheidest du, was du deinem Team zutraust und machst davon die Größe der Fläche abhängig. Jeder Mitspieler muss mindestens einen Fuß auf der Fläche haben.

Lernziel: Kooperation, Kommunikation

10

Bring was du hast

Zeit: ca. 5 Minuten
Gruppengröße: beliebig, mindestens 8
Material: keins

Diese schnelle Aktion eignet sich gut als Icebreaker zu Beginn eines Seminars oder einer Veranstaltung. Teile dein Gruppe in mindestens zwei Teams auf. Jedes Team bestimmt einen Läufer. Jetzt bittest du die Gruppe, dir bestimmte Dinge so schnell wie möglich zu besorgen. Du suchst dabei nach Dingen, die sehr wahrscheinlich in jeder Gruppe vorhanden sind:

- Lippenstift
- Taschentuch
- Socke
- Schnürsenkel
- Auflade-Kabel
- Brauner Gürtel
- Terminkalender
- usw.

Die Gruppe, deren Läufer zuerst mit dem richtigen Gegenstand bei dir erscheint, bekommt einen Punkt.

Lernziel: Teamgefühl schaffen, Kommunikation

Das Haus

Zeit: ca. 10 Minuten
Gruppengröße: Minimum 6 Personen
Material: ein ca. 10 Meter langes Seil (ein ausgedientes Kletterseil wäre perfekt)

Die Gruppe verteilt sich so, dass jeder in ungefähr gleichen Abständen das Seil in beiden Händen hält. Ohne die Position zu wechseln und die Hände vom Seil zu lassen, soll nun auf dem Boden die Form eines Hauses gelegt werden.

Lernziel: Kooperation, Kommunikation

Toilettenpapier Flieger

Zeit: ca. 5 Minuten
Gruppengröße: Mindestens 3 oder 4 Spieler pro Team
Material: Toilettenpapier

Eine ganz einfache Aktion. Das Team muss versuchen, nur durch Pusten ein Stück Toilettenpapier solange wie möglich in der Luft zu halten. Dabei gibt es drei Versuche. Wenn die Gruppe größer ist, kann man die Aktion simultan als Wettbewerb durchgeführt werden.

Lernziel: Kooperation

13

Ausgestopfte Strumpfhosen

Zeit: ca. 10 Minuten
Gruppengröße: 4 Spieler pro Team
Material: ein Paar Strumpfhosen pro Gruppe

Gib jedem Team ein Paar Strumpfhosen und erkläre, dass sie nun zwei Minuten Zeit haben, um so viele persönliche Gegenstände wie möglich in die Strumpfhose zu stopfen, ohne sie zum Reißen zu bringen (z. B. Armbanduhr, Brieftasche, Kleingeld, etc.). Gewinner ist die Mannschaft mit den meisten Gegenständen in der Strumpfhose.

Variation: Die gleiche Aktion, nur mit verbundenen Augen.

Lernziel: Kommunikation, Kreativität, Kooperation

Der Hühnereierturm

Zeit: ca. 5 Minuten für Brainstorming und 10 Minuten für die Aktion
Gruppengröße: 4 Spieler pro Team
Material: jedes Team bekommt die gleiche Menge an alten Zeitungen, Klebeband und jeweils ein Ei

Die Teams müssen zusammenarbeiten, um einen Turm zu bauen, der später das Gewicht ihres Hühnereis aushalten wird. Das Team mit dem höchsten Turm, auf dem das Ei mindestens zehn Sekunden liegen bleibt, gewinnt.
Es empfiehlt sich, das Spiel draußen durchzuführen oder eine Plane unterzulegen.

Lernziel: Kreativität, Kommunikation, Kooperation

Alphabettaschen

Zeit: ca. 10 Minuten
Gruppengröße: 4 Spieler pro Team
Material: keins

Jedes Teammitglied durchsucht die eigenen Taschen, Brieftasche, Rucksack usw.
Ziel der Aktion ist es, Objekte zu finden, deren Anfangsbuchstaben zusammen das gesamte Alphabet ergeben.

16

Lernziel: Kreativität, Kommunikation, Kooperation

Hula-Hoop-Schlange

Zeit: ca. 10 Minuten
Gruppengröße: 10 und mehr
Material: ein Hula-Hoop-Reifen pro Team

Alle stehen in einem Kreis und halten einander an den Händen. Der Kreis wird kurz unterbrochen, um dem Starter den Reifen über den Arm zu legen. Dann halten sich wieder alle an den Händen fest.
Ziel dieses Spiels ist es, den Reifen einmal um den Kreis wandern zu lassen, ohne dass die Hände jemals losgelassen werden.
Bei größeren Gruppen können mehrere Team simultan spielen und aus der Aktion wird dann ein Wettbewerb. Ansonsten kann man auch gegen eine Stoppuhr spielen und versuchen einen Rekord aufzustellen.

Lernziel: Kommunikation, Kooperation

Stufe 2:
Vertrauen: sich Öffnen lernen

Utopia Island

Zeit: je nach Gruppengröße: ca. 30 Minuten
Gruppengröße: beliebig
Material: ein Blatt Papier und ein Stift pro Person

Jeder Teilnehmer malt eine Insel auf ein Blatt Papier und schreibt dann die Antworten auf die folgenden Fragen in seine Insel.

- Wo würdest du im Moment am liebsten wohnen?
- Gibt es eine Person, mit der du gerne einmal zumindest für eine Weile die Identität tauschen würdest?
- Wie alt würdest du am liebsten gerade sein?
- In welchem Zeitalter (Vergangenheit, Gegenwart, Zukunft) würdest du gerne einmal leben?
- Wünschst du dir manchmal eine andere Persönlichkeit (z. B. lustiger, unaufgeregter, verlässlicher, ruhiger)?
- Welche Freunde wären mit dir auf deiner utopischen Insel?
- Welchen Job hättest du?

Wenn alle fertig sind, gib genug Zeit, damit jeder seine Insel vorstellen kann.

Lernziel: Kommunikation, sich selbst und andere wahrnehmen lernen, sich öffnen

Sich Getragen Wissen

Zeit: ab 5 Minuten
Gruppengröße: mindestens 7
Material: ein Stuhl

Die Mitspieler stellen sich in zwei sich gegenüberstehenden Reihen auf. Jeder greift versetzt jeweils eine Hand der beiden gegenüberstehenden Mitspieler, so dass die Arme über Kreuz liegen.
Ein Freiwilliger stellt sich auf einen Stuhl vor der Gruppe und lässt sich rückwärts auf die Arme fallen. Dort wird er von seinen Mitspielern wie auf einem Förderband hin und her gehoben, gerollt und gewiegt.

Die Aktion kann beliebig oft wiederholt werden, bis jeder einmal von seinen Mitspielern getragen worden ist.

Diskussionsideen:
- Für wen war es schwierig, den anderen zu vertrauen, dass sie einen nicht fallen lassen?
- Gab es Momente, wo das Vertrauen gewachsen bzw. gesunken ist?
- Wie ist das, wenn man fast hilflos darauf angewiesen ist, dass andere einen nicht fallen lassen?

19

- Was ist einfacher, anderen vorwärts zu helfen oder auf die Hilfe anderer angewiesen zu sein?
- Wo habt ihr das „Angewiesen sein“ schon in der Realität erlebt?

Lernziel: Vertrauen lernen, sich um andere kümmern

Viel zu eng

Zeit: ca. 10 Minuten
Gruppengröße: ungefähr 10 pro team
Material: ein Fahrradschlauch pro Team (zur Not geht auch ein Seil)

Die Gruppe quetscht sich in einen Fahrradschlauch und wird herausgefordert, eine kurze Strecke in diesem Zustand zurückzulegen. Die Strecke sollte eine Treppe sowie Stühle und Pfeiler als Hindernisse enthalten.

20

Diskussionsideen:
- Warum ist einiges im Team scheinbar schwerer, als es einfach allein zu machen (Wie zum Beispiel eine Treppe herunter zu laufen)?
- Kannst du dich an Situationen erinnern, wo du die Arbeit lieber alleine gemacht hast, als andere zum Mitmachen zu motivieren? Kannst du erklären, warum?
- Hast du auch positive Geschichten, wo du dich gefreut hast, von einem Team eng umgeben zu sein?

Lernziel: Kooperation, Teamfrustrationen mitteilen

Die Auswertung

Zeit: bestimmt der Gruppenleiter
Gruppengröße: egal
Material: 5 Zettel (wenn du diese Aktion häufiger machen möchtest, empfiehlt es sich, sie zu laminieren)

Jeder Gruppenleiter kennt dieses Problem: Irgendjemand hat von irgendjemand zu hören bekommen, dass sie die Aktion oder Arbeit nicht gut fanden. Und schon vermutet jeder, dass ganz viele die Aktion schlecht fanden. Diese Aktion eignet sich hervorragend zur Auswertung einer Aktion oder einer Aufgabe, die gerade erledigt worden ist, und gibt dir eine gute Idee, was Teammitglieder wirklich empfinden.

Auf dem Boden liegen in einer Reihe diese Bewertungen:
- Sehr Gut
- Gut
- Mittel
- Schlecht
- Sehr schlecht

Bereite einige Statements über die abgelaufene Aktion vor. Beispiele:

- Das Essen im Camp fand ich …
- Die Planung und Werbung war meiner Meinung nach …
- Die allgemeine Atmosphäre würde ich als … beschreiben.
- Die Zusammenarbeit zwischen den einzelnen Teams war …
- Die Themen waren …

Aktionen:

- Nach jedem Statement, darf sich jeder seiner Meinung entsprechend zuordnen und seinen Schritt dorthin begründen.
- Fordere die Gruppenmitglieder auf, einen Partner beliebig zuzuordnen. Dann frage diesen, ob die Zuordnung stimmt oder wo er sich selber eingeordnet hätte.

Lernziel: lernen, auf positive Art und Weise Kritik zu üben, Kennenlernen, Selbstbewusstsein fördern, lernen, seine eigene Meinung auszudrücken und andere Meinungen zu hören

Die Auswertung – Gefühlsvariation

Diese Aktion funktioniert im Prinzip genauso wie die letzte Aktion. Mit einem Unterschied: oft ist es wichtig, nicht nur eine Aktion oder Arbeit rein sachlich zu bewerten, sondern über die Gefühle zu reden, die dabei ausgelöst worden sind.

Auf dem Boden liegen Zettel mit unterschiedliche Gefühle, z. B.:
- Wütend
- Fröhlich
- Peinlich berührt
- Gelangweilt
- Aufgeregt
- Traurig
- Gar nichts

22

Die gestellten Fragen müssen nun natürlich variiert werden. Hier als Beispiel einige Fragen, die ich einem Team nach einem Camp gestellt habe:
- Die Spiele, die wir mit den Kindern gespielt haben, haben folgende Gefühle ausgelöst ...

- Meine Aufgabe als Workshopleiter, Begrüßer war für mich …
- Die Teilnehmer in meinem Zimmer waren oft …
- Als wir die Eltern herausgefordert haben, sich an den Aktionen zu beteiligen, hatte ich das Gefühl, sie waren …
- Mein eigener Gemütszustand während des Camps war häufig …

Lernziel: lernen, seine Gefühle zu verbalisieren, Kennenlernen, Selbstbewusstsein fördern, lernen, andere zu verstehen

Forced Choices – Team Version

Zeit: 5-15 Minuten
Gruppengröße: egal
Material: keins, wenn du möchtest eine Markierung, um den Raum zu teilen

Unterteile den Raum in zwei Hälften. Erkläre, dass du nun Fragen stellen wirst, um ein Gefühl dafür zu bekommen, was Teammitglieder über ihre Gruppe denken. Jeder muss sich daraufhin entscheiden, ob er eher zur „Entweder-" oder zur „Oder-"Seite tendiert, und dort hingehen. Hier ein paar Beispiele:

- kreativ/traditionell
- dicht/offen
- reden/tun
- Friede/Angst
- helfen/zuschauen
- Action/Wissen
- freundlich/fies
- zusammen/getrennt

Ab und zu kannst du die Aktion unterbrechen und
- jemand fragen, warum er sich so entschieden hat

- die Gruppen auffordern zu erklären, warum ihre Entscheidung besser war, als die der anderen Gruppe
- die Gruppen auffordern, untereinander zu diskutieren, was sie gemeinsam haben

Diskussionsideen:
- Welche Entscheidungen sind dir leicht bzw. schwer gefallen? Warum?
- Hat es deine Meinung beeinflusst, wenn du dich auf einer Seite ziemlich allein gesehen hast, während der Großteil der Gruppe anscheinend eine andere Meinung hatte?
- Hast du durch diese Aktion etwas Neues über unsere Gruppe gelernt?

Lernziel: Kennenlernen, Selbstbewusstsein, lernen, seine eigene Meinung auszudrücken und gegebenenfalls gegen den Strom zu schwimmen

Das Gefühlsorchester

Zeit: ca. 15 Minuten
Gruppengröße: ab 8 Personen
Material: keins

Zu Beginn dieser Aktion unterteilst du dein „Gefühlsorchester" in verschiedene Sektionen: Traurigkeit, Freude, Angst, Schuldgefühl, Verunsicherung usw.

Jetzt beginnt der Dirigent (du) sein Stück, indem er nacheinander auf die verschiedenen Orchestersektionen zeigt. Das Orchester muss dann dazu die passenden Geräusche und Gesichtsausdrucke machen (z. B. Schulterzucken, traurig gucken, „oh-oh" für d ie Schuldgefühle) und aufhören, sobald der Dirigent auf eine andere Sektion zeigt.

Diskussionsideen:
- Könnt ihr euch an persönliche Geschichten erinnern, wo ihr genau diese Gefühle hattet?
- War eure Körperhaltung die gleiche?
- Was macht euch fröhlich, traurig, ängstlich, schuldig, verunsichert, usw.?

Lernziel: Kennenlernen, sich öffnen

Das Selbstportrait

Zeit: 5 Minuten, plus ca. 2 Minuten pro Mitspieler
Gruppengröße: beliebig
Material: eine Karteikarte und ein Stift pro Person

Jeder Teilnehmer bekommt eine Karte auf der sie oder er sich selber kreativ vorstellen darf (z. B. Bilder malen von den eigenen Hobbys, der Arbeit, Lieblingsessen, Haustiere, Selbstportrait).
Nach ca. fünf Minuten, wenn alle fertig sind, werden die Karten eingesammelt, gemischt und dann verteilt. Nun versucht sich einer nach dem anderen an einer Bildinterpretation („Was sehe ich auf diesem Bild?"). Nachdem ein paar mal geraten wurde, um wen es sich handelt, wird der „geheimnisvolle Künstler" gebeten aufzustehen und noch ein paar Takte zu seinem Kunstwerk zu sagen.

Lernziel: Kommunikation, sich selbst und andere wahrnehmen lernen, sich öffnen

Wieder aufstehen

Zeit: ca. 5 Minuten, plus Diskussionszeit
Gruppengröße: egal
Material: Klebeband

Zur Vorbereitung markierst du mit Klebeband einen Strich auf dem Boden. Nun forderst du deine Gruppe auf, sich eng nebeneinander aufzustellen. Jeder muss dabei einen Fuß auf den Klebesteifen stellen. Alle verschränken nun die Arme vor dem Körper und versuchen so sich hinzuknien. Der Fuß muss dabei auf dem Klebestreifen bleiben. Danach müssen die Teilnehmer wieder aufstehen, wiederum ohne den Fuß vom Klebeband zu nehmen und die Arme zu bewegen.

Diskussionsideen:

- Ihr habt bestimmt alle persönliche Geschichten, wo ihr gefallen seid (versagt habt) und wieder aufstehen musstet. Warum ist das Aufstehen, der Neubeginn so schwer?
- Wer oder was hat euch dabei geholfen? Kann eine Gruppe wie diese helfen oder stehen wir einem Neuanfang eher im Weg?

Lernziel: Einen Blick für anderen entwickeln, eigene Ängste ausdrücken lernen. Kommunikation

Blinder Spaziergang

Zeit: ca. 15 Minuten
Gruppengröße: 3 Spieler pro Team
Material: eine Augenbinde pro Team

Die drei Teammitglieder stehen hintereinander in einer Reihe. In der Mitte steht der „Blinde". Die Aufgabe der beiden Sehenden ist es nun, ihren blinden Freund in der Mitte durch einen vorher festgelegten Parcours durch das Gebäude zu führen.
In der zweiten Runde wird der „Blinde" versuchen, den Parcours allein zu bewältigen und die beiden Sehenden gehen lediglich schweigend mit, um ihn davor zu schützen, sich zu verletzten. Sie dürfen nun nicht mehr reden.

Diskussionsideen:

- Inwiefern hat die erste Runde mit den Freunden euch tatsächlich auf den Gang allein vorbereitet?
- Habt ihr euch im wirklichen Leben schon einmal allein gefühlt, bis ihr euch an den Rat von Freunden erinnert habt?
- Wann habt ihr es schon einmal erlebt, aufeinander angewiesen zu sein?

Lernziel: Vertrauen lernen, sich um andere kümmern

Stufe 3: Bestätigung: den anderen sehen und in seiner Begabung fördern

Der menschliche Körper

Zeit: je nach Gruppengröße: ca. 20 Minuten
Gruppengröße: beliebig
Material: ein Arbeitsblatt und ein Stift pro Person

Jeder Teilnehmer bekommt das Arbeitsblatt und einen Stift. Wenn du willst kannst du einen Körper (z. B. Strichmännchen) auf das Arbeitsblatt kopieren.
Die Aufgabe ist, Teammitglieder für die folgenden Körperteile zu nominieren:

1. Auge: hat die Fähigkeit zu bemerken, was um sie oder ihn herum vor sich geht.
2. Ohr: hat die Fähigkeit zuzuhören. Andere kommen häufig mit ihren Problemen auf ihn oder sie zu, weil diese Person das Gefühl ausstrahlt, dass sie ihr nicht egal sind.
3. Mund: kann sich gut ausdrücken und Dinge auf den Punkt bringen.
4. Kopf: kann hervorragend planen, koordinieren, organisieren.
5. Fuß: ist immer in Bewegung und motiviert die Gruppe, die gesteckten Ziele zu erreichen.
6. Hand: ist immer hilfreich, dient gerne anderen.
7. Herz: unglaublich sympathisch, gibt jedem das Ge-

28

fühl, in der Gruppe wertgeschätzt zu sein.
8. Haut: hält die Gruppe zusammen, sorgt für Frieden in der Gruppe.
9. Gesichtsmuskeln: sorgt für den nötigen Spaßfaktor in der Gruppe, Humor und Enthusiasmus.
10. Das Gehirn: der Denker. Findet in schwierigen Situationen oft die richtige Lösung.

Wenn die meisten ihren Zettel ausgefüllt haben (z. B. nach 10 Minuten), fordere die Gruppe heraus, ihre „Körperteilnominierungen vorzulesen und zu erklären.

Diskussionsideen:
- Haben Teammitglieder die Nominierungen bekommen, die sie erwartet haben?
- Wenn es viel Stress im Team gibt, empfiehlt es sich, die Ergebnisse in Einzelgesprächen zu besprechen.

Lernziel: sich selbst und andere wahrnehmen lernen, sich öffnen, Lob geben und annehmen können

Kerzen

Zeit: je nach Gruppengröße: ca. 20 Minuten
Gruppengröße: beliebig
Material: Kerze im Halter und Streichholz bzw. Feuerzeug

Setzt euch in einen Kreis und versuche durch die Kerze eine feierliche Stimmung zu erzeugen. Während du die angezündete Kerze in der Hand hältst, beschreibst du, was dir an Persönlichkeit und Gaben bei einer der anwesenden Personen positiv aufgefallen ist. Dabei verrätst du nicht, um wen es sich handelt.
Wenn du mit deiner kurzen Laudatio fertig bist, übergibst du die Kerze an die Person, von der du gerade so positiv gesprochen hast. Diese Person darf dann im selben Stil weitermachen. Wenn jeder ungefähr zwei mal dran gewesen ist (in großen Gruppen einmal), ist die Aktion beendet.

Tipp: Für die Leiter im Team ist es wichtig darauf zu achten, besonders die Gruppenmitglieder zu erwähnen, die von anderen in der Regel wenig beachtet werden und Wertschätzung bekommen.

Lernziel: Sich selbst und andere wahrnehmen lernen, sich öffnen, Lob geben und annehmen können

Sticker

Zeit: ca. 20 Minuten
Gruppengröße: beliebig
Material: vorgefertigte Aufkleber, Filzstifte

Bedrucke oder beschreibe vor der Aktionen leere Adressaufkleber (siehe unten).
Jeder von uns wird jeden Tag mit unzähligen Aufklebern behaftet. Oft sind diese nicht sehr schmeichelhaft (fies, doof, Meckertante, langweilig, Streber, Aufschneider, ...). Die Liste ist lang und wir meinen, dass fast jeder in unserem Umfeld sie lesen kann. Die Idee dieser Aktion ist es, die ganze Sache umzudrehen und uns gegenseitig mit positiven Aufklebern zu bekleben.

Gib allen Gruppenmitgliedern ausreichend Zeit, die vorgefertigten Sticker auszufüllen.
Dann soll sich das Team gegenseitig damit bekleben.

Ideen für Sticker:
- ... hat mir folgendes beigebracht:
- ... hat mir in folgender Situation geholfen:
- Das mag ich an deinem Charakter:
- ... ist ein guter Leiter, weil:

- Ich bin froh, dass ...ein Teil unseres Teams ist, weil:
- ... ist mir in diesem Bereich ein Vorbild:
- ... hat mich dadurch verändert und positiv beeinflusst:

Lernziel: Sich selbst und andere wahrnehmen lernen, sich öffnen, Lob geben und annehmen können

Grabrede

Zeit: je nach Gruppengröße: ca. 30 Minuten
Gruppengröße: beliebig
Material: keins

Auch wenn der Gedanke an eine Grabrede im ersten Moment vielleicht makaber erscheint, so geht es bei dieser Aktion doch weniger um den Tod als um das Leben. Ich musste bzw. durfte schon häufig Beerdigungen beiwohnen, bei denen ich die verstorbene Person gar nicht kannte. Oft ist mir dann bei der Lobrede der Gedanke gekommen, dass ich die Person gerne näher kennengelernt hätte. Das ist die Idee hinter dieser Aktion.

Jeder in der Gruppe bekommt eine Person, die er gut kennt, zugelost bzw. darf sich jemand aussuchen, für die er dann eine Grabrede halten wird.

Die Aktion sollte so organisiert werden, dass jeder ca. fünf Minuten Zeit bekommt, um seine „Leiche" über dessen Lebenslauf zu interviewen. Später wird jeder seine Grabrede halten dürfen.

Diese Rede sollte neben ganz kurzen Gedanken zum Lebenslauf folgende Momente enthalten:

- Was wir an ihm/ihr mochten
- Warum wir sie/ihn vermissen werden
- Sein/Ihr Lebenswerk
- Träume

Lernziel: sich selbst und andere wahrnehmen lernen, sich öffnen, Lob geben und annehmen können

Veränderung

Zeit: 2 Minuten, plus Diskussionszeit
Gruppengröße: beliebig
Material: keins

Eine schnelle Aktion, um zu lernen, einander wahrzunehmen. Jeder findet einen Partner und stellt sich ihm oder ihr gegenüber. Auf dein Kommando stellen sich nun beide Partner Rücken an Rücken und verändern eine Sache an sich, z. B. die Frisur verändern, einen Schnürsenkel öffnen, alle Knöpfe zumachen, den Reisverschluss herunter ziehen, usw.
Nun drehen sich alle wieder zu ihrem Partner, der raten muss, was sich verändert hat.

32

Diskussionsideen:
- Was war leicht/schwer an dieser Aktion?
- Wäre dir die Veränderung auch aufgefallen, wenn du nicht aufgefordert wärest, darauf zu achten?
- Was tust du, wenn dir Veränderungen auffallen?
- Warum tun wir uns mit Veränderungen oft schwer?

Lernziel: Andere wahrnehmen lernen, mit Veränderung umgehen, Stimmungen erkennen und darauf reagieren

33

Museum

Zeit: ca. 15 Minuten
Gruppengröße: beliebig
Material: keins

Drei Teammitglieder werden wie Statuen in ein fiktives Museum gestellt.
Jemand, der gut reden kann und die „Statuen“ gut kennt, bekommt die Aufgabe, dem Rest der Gruppe als Museumsführer jede Statue so witzig aber akkurat wie möglich vorzustellen.
Was haben diese Statuen in ihrem Leben geleistet, wovon hat die Gesellschaft profitiert, an welche Momente ihres Lebens wird man sich erinnern usw.

Diese Aktion kann beliebig oft mit neuen Statuen und Museumsbesuchern und Experten wiederholt werden.

Lernziel: sich selbst und andere wahrnehmen lernen, sich öffnen, Lob geben und annehmen können

Verbunden

Zeit: ca. 15 Minuten
Gruppengröße: mindestens 5, höchstens 15
Material: ein Seil

Die Teammitglieder sitzen im Kreis. Der Starter hat das Seil. Seine Aufgabe ist es, jemandem ein Kompliment zu machen.
Zum Beispiel:

- „Mir ist aufgefallen, dass du oft einen Blick für andere hast."
- „Du bringst uns ständig zum Lachen. Deswegen komme ich gerne zur Arbeit."
- „Du packst an, wenn es Arbeit gibt."

Immer wenn jemand ein Kompliment gemacht hat, gibt er das Seil an den „Komplimentempfänger" weiter, hält aber ein Stück des Seils weiterhin fest. So entsteht mit der Zeit ein Geflecht.
Wenn die Komplimenterunde vorbei ist (je nach Gruppe können dies verschieden viele Runden sein), halten alle ihre Seilstücke gut fest und rutschen nach außen, sodass das Seilgeflecht gespannt wird. Dann versucht die Gruppe gleichzeitig aufzustehen, ohne die Spannung des Seils aufzuheben.

Lernziel: Die Aktion soll visuell zeigen, wie sehr wir einander brauchen und wie unsere Persönlichkeiten uns gut tun und uns alle miteinander verbinden

Stufe 4: Probleme lösen: sich etwas „Neues“ zutrauen lernen

35

Die Tennisball-fortbewegungsfabrik

Zeit: ca. 30 Minuten
Gruppengröße: z. B. 6er Gruppen
Material: ein Tennisball pro Gruppe, evtl. eine Stoppuhr

Runde 1:
Jedes Team bekommt einen Tennisball und folgende Aufgabe: „Werft euch den Tennisball nacheinander zu, bis jeder im Team ihn einmal gefangen und geworfen hat. Wenn der Ball wieder beim Starter angekommen ist, wird die Zeit gestoppt."

Runde 2:
„Versucht euer System zu optimieren. Das Ziel eurer Firma ist es, ein System zu entwickeln, das den Tennisball so schnell wie möglich von Spieler zu Spieler bewegt."
Regeln:
Jeder muss den Ball berühren und dabei an der Vorwärtsbewegung beteiligt sein.
Die Runde beginnt und endet mit der gleichen Person.

Ganz spannend ist die Aktion, wenn die Gruppen in verschiedenen Räumen an ihrem System feilen und du zwischendurch immer wieder vorbeikommst und damit anstachelst, dass andere Teams schon viel weiter sind. Dabei ist es interessant zu beobachten, wie Wettbewerbstypen dann unter dem extra Stress reagieren.

Runde 3:
Alle Teams (wenn du mehr hast als eins) kommen zusammen und stellen ihr System vor. Jedes Team bekommt zwei Versuche. Der bessere zählt.

Tipp & Diskussionsideen: Bei dieser Aktion ist es sinnvoll, in jedem Team einen Beobachter zu haben, der sich notiert, wie Teammitglieder mit Stress und Wettbewerb umgehen, wer leitet, wessen Ideen ignoriert werden, wer das Team auf welche Weise unterstützt, usw.

Lernziel: Bei dieser Aktion wird bewusst Stress aufgebaut. Das Team soll lernen, mit dieser Situation umzugehen

Steinskulptur

Zeit: ca. 15 Minuten
Gruppengröße: 4 Personen
Material: 5 Steine (ungefähr die gleiche Größe wie ein Tennisball), Tisch, 2 Augenbinden, Digitalkamera

Zwei Spieler verlassen den Raum, während ein weiteres Duo aus den fünf Steinen auf dem Tisch eine bestimmte Formation baut, die später nachgebaut werden kann. Nun fotografierst du die Formation, legst die Steine an die Seite des Tisches und verbindest den beiden Stein-Künstlern die Augen.
Die Aufgabe der beiden „Blinden" ist es nun, den beiden „Sehenden Künstlern" zu erklären, wie sie die Steine zu legen haben, damit das Originalkunstwerk wieder hergestellt werden kann.

Diskussionsideen:
- An die „blinden" Künstler: Wenn ihr noch einmal von vorne anfangen könntet, was hättet ihr in der Vorbereitungsphase anders gemacht?
- Warum war es schwer, später genau zu kommunizieren, was die beiden „neuen" machen sollten?

- An die „neuen" Künstler: Welche Anweisungen hättet ihr euch gewünscht?
- An die Beobachter: Ihr habt alle Fehler mitbekommen. Was hättet ihr anders gemacht?

Lernziel: Ziel dieser Aktion ist es zu zeigen, wie wichtig klare Kommunikation und Absprachen besonders in der Planungsphase sind

Aschenputtel und andere Märchen

Zeit: ca. 15 Minuten
Gruppengröße: 6 - 8 Personen wäre ideal
Material: keins

Die Idee: Die Gruppenmitglieder haben jeweils 60 Sekunden Zeit, um Teile eines Märchens nachzuerzählen. Der Moderator fragt das Publikum nach Märchenvorschlägen, die möglichst jeder in der Gruppe kennen sollte.
Einige Beispiele, die gut funktionieren würden:

- Schneewittchen
- Rumpelstilzchen
- Die kleine Meerjungfrau
- Hänsel und Gretel
- Rotkäppchen und der böse Wolf
- Aschenbrödel

Nun beginnt die Vorstellung. Nach der Wahl der Geschichte hat die erste Person 60 Sekunden Zeit um das Märchen nachzuerzählen. Um die Story frisch im Bewusstsein zu halten, sollte der Moderator zwischendurch schnell die Highlights rekapitulieren.

Dann wählt er den nächsten Darsteller, der spontan weiter erzählen muss.
Damit es spannend bleibt, sollte der Moderator ab und zu Veränderungen einbauen, z. B.: „Weil sie die ganze Nacht auf den Beinen war, waren ihre Füße so angeschwollen, dass auch Aschenputtel zunächst nicht in die Schuhe passte …"

Diskussionsideen:

- Wer musste sich überwinden, vor den anderen eine Minute lang zu erzählen? Wem ist das leicht gefallen?
- Habt ihr Geschichten, wo ihr plötzlich in einer Herausforderung standet? Was ist passiert? Warum ist es so schwierig, wenn man ins kalte Wasser geworfen wird?
- Was haben andere eben getan, was diese Aktion für dich leichter bzw. schwerer gemacht hat?

Lernziel: sich Herausforderungen stellen, gegenseitiges Anfeuern

Die kalte Schulter zeigen

Zeit: ca. 10 Minuten, plus Diskussionszeit
Gruppengröße: Minimum 4 Personen
Material: Klebeband

Zur Vorbereitung markierst du auf dem Boden einen Kreis oder ein Quadrat, in den dann ungefähr alle Füße deiner Gruppe passen werden.

Nun forderst du deine Gruppe auf, sich in den Kreis zu quetschen. Die Arme sollten vor der Brust verschränkt werden. Die Aufgabe besteht darin, die anderen nur durch Schulterbewegung aus dem Kreis zu drängeln. Die Füße dürfen sich dabei nicht bewegen. Verliert jemand die Balance bzw. bewegt die Füße, muss er sich außerhalb des Kreises auf den Boden setzen.
Wenn der Letzte steht, kannst du ihn auffordern, die anderen nach und nach wieder in den Kreis zu ziehen.

Diskussionsideen:
Diese Aktion kann ein guter Einstieg in das Thema Mobbing und Bullying sein. Mögliche Fragen können sein:

- Habt ihr selber in dieser Gruppe erlebt, wie jemand rausgemobt wurde? Woran hat das gelegen? Hätte es verhindert werden können?
- Wie könnte eine Strategie aussehen, unsere Gruppe offener und freundlicher zu gestalten?
- Oft mobben Menschen, weil sie Angst haben, ihren Platz in der Gruppe und ihren Status zu verlieren. Was kann man tun, um diese Angst zu minimieren?

Lernziel: einen Blick für anderen entwickeln, eigene Ängste ausdrücken lernen, Kommunikation, Strategien entwickeln

Stufe 5: Gemeinsam Leben teilen und Ziele setzen

Die Außenseiter

39

Zeit: 15 Minuten
Gruppengröße: mindestens 8 Personen
Material: keins

Die Gruppe steht im Kreis und hält die Hände zusammen, der Blick ist nach innen gerichtet. Die beiden „Außenseiter" stehen außerhalb des Kreises und versuchen den Kreis zu durchbrechen und somit in die Gruppenmitte zu gelangen.
Ziel der Gruppe ist es, die Außenseiter so lange wie möglich draußen stehen zu lassen.
Das Spiel endet dann, wenn ein Außenseiter es in den Kreis schafft oder wenn er oder sie aufgibt. Das Spiel kann beliebig oft mit neuen Außenseitern wiederholt werden.

Vorsicht: Dies ist eine sehr körperliche Aktion. Selbst in einer Simulation tut es einigen weh, ausgeschlossen zu sein. Manchmal kann dies zu Aggressionen führen.

Diskussionsideen:

– An die Außenseiter: Was war deine Strategie, um in die Gruppe einzubrechen?

- Welches Kriterium hast du benutzt, um das schwächste Glied ausfindig zu machen?
- An alle: Wenn du in eine neue Gruppe eindringen willst, welche Strategie würdest du versuchen?
- Wonach würdest du entscheiden, wen du zuerst ansprechen würdest?
- Wie werden „Neue" in diesem Team normalerweise behandelt?
- Wer darf hier rein, wer bleibt draußen?
- Welche Ziele sollten wir uns als Gruppe setzen, damit Integration besser gelingt?

Lernziel: Integration, Kommunikation, Missstände aussprechen, Vertrauen

Den geheimen Eingang finden

Zeit: ca. 15 Minuten
Gruppengröße: mindestens 6, 8 bis 12 wäre ideal
Material: keins

Ein oder zwei Kandidaten werden vor die Tür geschickt. Die restliche Gruppe bildet einen Kreis und überlegt sich eine Berührung, die ihren Kreis öffnet. Die Kandidaten müssen nun die Berührung herausfinden, die den Kreis (die Burg) öffnet.
Das könnte zum Beispiel eine Berührung hinter dem Ohr einer bestimmten Person oder ein Klaps auf die Schulter sein.
Nach ein paar Versuchen, die in der Regel erfolglos sein werden, wiederhole die Aktion.

Diskussionsideen:
- Was macht es so schwer, den Verhaltenskodex einer Gruppe zu knacken?
- Was sind unsere „Regeln“ die man nicht brechen darf, wenn man dazugehören möchte? Mögt ihr diese Regeln eigentlich?
- Was passiert bei uns mit denen, die sich nicht an diese Regeln halten?

Lernziel: Erwartungen formulieren, Integration, Wahrnehmung der eigenen Gruppenmerkmale.

Was ich brauche

Zeit: ca. 20 Minuten
Gruppengröße: egal
Material: 3 Karteikarten und ein Stift pro Person

Verteile die Stifte und Karten. Fordere nun jedes Gruppenmitglied auf, folgende drei Fragen auf jeweils einer Karte zu beantworten:

1. In diesem Team brauche ich von den Leitern …
2. In diesem Team brauche ich von den anderen ...
3. In diesem Team brauche ich von mir selber ...

Dann nimm, mische und verteile die Karten.

Diskussionsideen:

- Erkläre kurz das Lernziel dieser Aktion
- Dann fordere Teammitglieder auf, ihre Karten vorzulesen und erlaube dem gesamten Team auf diese Wünsche zu reagieren

Lernziel: die Erwartungen und Wünsche des Teams verstehen lernen

Impro-Theater

Zeit: ab 20 Minuten
Gruppengröße: egal
Material: keins

Diese Aktion kommt aus dem Improvisations-Theater und ist eine Übung, um Spontaneität auf der Bühne – aber auch im Leben – zu trainieren. Die Idee ist, aus bestehenden Situationen völlig neue Situationen zu entwerfen.

Zwei Teilnehmer beginnen eine Situation zu spielen. Die Situation ist dabei frei wählbar. Die anderen Teilnehmer sind das Publikum. Sobald einer aus dem Publikum eine Idee hat, wie die Situation auf der „Bühne" anders weitergespielt werden kann, klatscht er in die Hände und ruft laut: „Stopp!". Die beiden Schauspieler frieren sofort ein. Der Teilnehmer aus dem Publikum geht hin und klopft einem der beiden Schauspieler auf die Schulter. Dieser verlässt die Szene und setzt sich ins Publikum. Der neue Schauspieler nimmt dessen Platz ein und beginnt von diesem Moment an eine völlig neue Szene aus der bestehenden Situation heraus zu spielen.

Ein Beispiel: Die zwei Schauspieler spielen zwei Automechaniker, die gerade über die Motorhaube gebückt etwas reparieren. Einer von ihnen wird abgeklatscht und der neue Schauspieler legt sich unter die Hände des ersten Schauspielers und ist jetzt der Patient beim Zahnarzt. Der erste Schauspieler wird somit vom Automechaniker zum Zahnarzt. Aus seiner eingefrorenen Position heraus beginnt er seine neue Rolle.

Diese Übung braucht manchmal etwas, um in Fahrt zu kommen. Wenn sie einmal läuft, ist sie wahnsinnig lustig. Allerdings trauen sich nicht alle Teilnehmer mitzumachen. Hier gilt es, ihnen Mut zuzusprechen.

Für das Gelingen dieser Aktion gelten drei Regeln, die auch für das gemeinsame Leben in der Gruppe von Bedeutung sind:

1. Achte aufmerksam auf den anderen. Nur so kann man den richtigen Zeitpunkt finden, um seine Idee so einzubringen, dass sie passt und nicht deplaziert wirkt.
3. Sorge dafür, dass der andere sich wohlfühlt. Nur wenn der andere sich durch meine Aktionen (mein Schauspiel in diesem Fall) wohlfühlt, kann er sich entfalten.
2. Biete an und nimm an. Mach dem anderen Angebote, auf die er eingehen kann und nimm die Angebote des anderen an, damit die Szene – und in der Übertragung das Leben in der Gruppe – gut weitergehen kann.

Diskussionsideen:

- Konntet ihr euch in dieser Aktion einbringen? Wenn nicht, woran hat es gelegen?
- Wann habt ihr euch beim Spielen wohlgefühlt?
- Wie und wann sind die besten Szenen entstanden?
- Mit wem konntet ihr am besten zusammenspielen und warum?

Lernziel: Lernen, so auf den anderen zu achten, dass er voll zur Geltung kommt, Spontaneität in der Gruppe

Sandburg

Zeit: ca. 20 Minuten
Gruppengröße: egal
Material: einige Sandkasten-Spielzeuge, Sand bzw. Sandkasten, Gießkanne und Wasser

Gib deiner Gruppe 5 Minuten Zeit, um zusammen eine Sandburg zu bauen. Nachdem du sie für ihre hervorragende Leistung gelobt hast, nimm deine Gießkanne (Schlauch, Wassereimer) und zerstöre ihr Kunstwerk.

43

Diskussionsideen:

- Wo habt ihr das schon einmal erlebt? Man strengt sich an, kreiert etwas mit ganz viel Anstrengung, Liebe, Kreativität, nur um anzusehen, wie eine Krise, eine blöde Bemerkung, ein Unfall alles wieder kaputt macht?
- Wie geht man mit solchen Unfällen um? Kann man sie verhindern?
- Was gibt euch die Energie nach eine Enttäuschung von vorne anzufangen?

Lernziel: lernen, mit Versagen umzugehen, gegenseitige Unterstützung

Das Rettungsboot

Zeit: ungefähr eine Stunde
Gruppengröße: mindestens 10
Material: Eis, Namensschilder, Filzstifte

Diese Simulation war früher ein Klassiker in vielen Sozialkundestunden. Sie zeigt eindeutig, dass, wenn wir ehrlich sind, der Satz „Jeder Mensch hat den gleichen Wert" in unseren Köpfen doch Utopie ist.

44

Jeder Teilnehmer bekommt ein Namensschild mit einer Beschreibung, z. B.:

- Schwangere Frau
- Fußballprofi auf dem Sprung in die Deutsche Nationalmannschaft
- 50 Jahre alter Pastor
- Pensionierter Professor
- Junger Filmstar
- 40-jähriger Vater von vier Kindern (2, 4, 6 und 9 Jahre alt)
- Übergewichtiger Bauarbeiter
- 12-jährige Realschülerin
- 17-jähriger Gymnasiast

- Alter Mann, der von Harz IV lebt
- Schwedisches Topmodel

Ihr seid alle Passagiere auf einem Luxusdampfer, der gerade gekentert ist. Es gibt nur zehn Plätze im Rettungsboot. Ihr habt genau zehn Minuten Zeit zu entscheiden, wer überleben darf. Die zehn Überlebenden nehmen sich als Zeichen jeweils ein Eis aus dem Karton. Wenn ihr euch nicht entscheiden könnt, sterben alle und keiner bekommt das Eis.

Diskussionsideen:

Spätestens hier würde ich mit extra Eis für den Rest der Gruppe rausrücken.

- Schildert erst einmal eure Beobachtungen aus diesem Spiel. Was war leicht, was war hart, wonach habt Ihr eure Entscheidungen getroffen?
- Die meisten von uns würden mit dem Satz übereinstimmen, dass jeder Mensch gleich viel wert ist. Zeigt eine Aktion wie diese, dass wir dass doch nicht so ganz glauben?
- Was macht einen Menschen wertvoll?
- Macht zusammen einen Plan/Pakt wie ihr in Zukunft dafür sorgen wollt, dass möglichst keiner sich wie ein Außenseiter vorkommt.

Lernziel: Es geht um eine Werte-Diskussion und die Zielsetzung, aufeinander zu achten und sich gegenseitig wertzuschätzen